BEI GRIN MACHT SICH IHR WISSEN BEZAHLT

- Wir veröffentlichen Ihre Hausarbeit,
  Bachelor- und Masterarbeit

- Ihr eigenes eBook und Buch -
  weltweit in allen wichtigen Shops

- Verdienen Sie an jedem Verkauf

Jetzt bei www.GRIN.com hochladen
und kostenlos publizieren

Bibliografische Information der Deutschen Nationalbibliothek:

Die Deutsche Bibliothek verzeichnet diese Publikation in der Deutschen National-
bibliografie; detaillierte bibliografische Daten sind im Internet über http://dnb.d-
nb.de/ abrufbar.

Dieses Werk sowie alle darin enthaltenen einzelnen Beiträge und Abbildungen
sind urheberrechtlich geschützt. Jede Verwertung, die nicht ausdrücklich vom
Urheberrechtsschutz zugelassen ist, bedarf der vorherigen Zustimmung des Verla-
ges. Das gilt insbesondere für Vervielfältigungen, Bearbeitungen, Übersetzungen,
Mikroverfilmungen, Auswertungen durch Datenbanken und für die Einspeicherung
und Verarbeitung in elektronische Systeme. Alle Rechte, auch die des auszugsweisen
Nachdrucks, der fotomechanischen Wiedergabe (einschließlich Mikrokopie) sowie
der Auswertung durch Datenbanken oder ähnliche Einrichtungen, vorbehalten.

Impressum:

Copyright © 2003 GRIN Verlag, Open Publishing GmbH
Druck und Bindung: Books on Demand GmbH, Norderstedt Germany
ISBN: 9783656561071

Dieses Buch bei GRIN:

http://www.grin.com/de/e-book/15184/installation-einer-schutzkontaktkupplung-
an-ein-flexibles-kabel-der-dimension

Frank Kämper

Installation einer Schutzkontaktkupplung an ein flexibles Kabel der Dimension H07RN - F3G1,5 (Unterweisung Energieelektroniker / -in Fachrichtung Betriebstechnik)

GRIN Verlag

GRIN - Your knowledge has value

Der GRIN Verlag publiziert seit 1998 wissenschaftliche Arbeiten von Studenten, Hochschullehrern und anderen Akademikern als eBook und gedrucktes Buch. Die Verlagswebsite www.grin.com ist die ideale Plattform zur Veröffentlichung von Hausarbeiten, Abschlussarbeiten, wissenschaftlichen Aufsätzen, Dissertationen und Fachbüchern.

Besuchen Sie uns im Internet:

http://www.grin.com/

http://www.facebook.com/grincom

http://www.twitter.com/grin_com

Schriftlicher Unterweisungsentwurf im Rahmen der Ausbildereignungsprüfung

Zuständige Stelle: IHK Osnabrück - Emsland

Name:

Anschrift:

Beruf: Energieelektroniker Fachrichtung Betriebstechnik

Geburtsdatum:

Prüfungsdatum: 04.07.2003

Dauer der Unterweisung: ca. 15 bis 20 Minuten

Thema der Unterweisung

Installation einer Schutzkontaktkupplung an ein flexibles Kabel der Dimension H07RN – F3G1,5

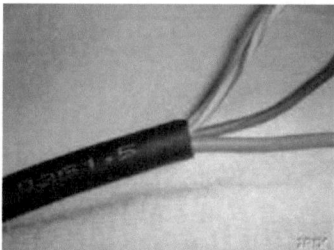

Inhaltsverzeichnis:

1. Einführung

1.1 Ausbildungsmittel

- Schraubendreher in verschiedenen Grössen und Ausführungen
- 2 flexible Kabel H07RN – F3G1,5 (bereits abisoliert und mit Aderendhülsen bestückt)
- 2 Schutzkontaktkupplungen
- Spitzzange

1.2 Lernort

- Berufsbildende Schulen
  - Gewerbliche Fachrichtung -

1.3 Unterweisungsmethode

Die 4 – Stufen – Methode bildet die Grundlage für die Unterweisung:

1. Vorbereiten des Auszubildenden
2. Vormachen und erklären des Ausbilders
3. Nachmachen und erklären des Auszubildenden
4. Selbständig ausführen und üben

1.4 Einordnung in den Ausbildungsrahmenplan

Verordnung über die Berufsausbildung zum Energieelektroniker Fachrichtung Betriebstechnik § 5 Abs.1 Nr. 10 e)

e) Leitungen zurichten und Anschlussteile, insbesondere Netzstecker, Kupplungen und mehrpolige Steckverbinder, nach Unterlagen verdrahten.

1.5 Ausgangssituation

Die Auszubildenden befinden sich in der Ausbildung zum Energieelektroniker Fachrichtung Betriebstechnik. Sie werden bei dieser Unterweisung lernen, ein elektr. Betriebsmittel fachgerecht anzuschliessen.

2.Lernziele nach dem Detaillierungsgrad

2.1 Richtlernziel

- Elektrische Verbindungen herstellen

2.2 Groblernziel

- Betriebsmittel anschliessen

2.3 Feinlernziel

- Schutzkontaktkupplung fachgerecht an ein vorbereitetes Kabel anschliessen

3. Lernziele nach dem Lernbereich

3.1 kognitive Lernziele

- Die Auszubildenden sollen nach der Unterweisung wissen, **wie** und in **welcher Reihenfolge** eine Schutzkontaktkupplung angeschlossen wird.

3.2 psychmotorische Lernziele

- Die Auszubildenden sollen lernen, wie sie Werkzeug (Schraubendreher) richtig einsetzen und die Schutzkontaktkupplung fachgerecht anschliessen.

3.3 affektive Lernziele

- Die Auszubildenden sollen lernen, konzentriert und gründlich ihre Arbeit durchzuführen.

- Der Auszubildende soll begreifen, wie wichtig das Einhalten von Vorschriften beim Anschluss einer Schutzkontaktkupplung ist, da bei Nichtbeachtung Gefahr für den Menschen besteht.

4. Planung der Unterweisung nach der 4 – Stufen - Methode

4.1 1.Stufe   Zeit : 2 Minuten

Vorbereitung/ Heranführung des Auszubildenden an die Aufgabe

- **Begrüßung:**

  Freundliche Begrüßung der Auszubildenden und erkundigen nach ihrem Wohlbefinden

- **Vorkenntnisse feststellen:**

  Durch Kontrollfragen und Problemfragen wird festgestellt, welche Vorkenntnisse die Auszubildenden besitzen.

- **Motivieren der Auszubildenden:**

  In der vergangenen Lehrunterweisung haben die Auszubildenden gelernt, wie man flexible Kabel anschlussfertig vorbereitet.
  Heute sollen sie lernen, wie man eine Schutzkontaktkupplung fachgerecht anschliesst und montiert. Dies stellt einen weiteren Schritt auf dem Weg zum selbständigen Arbeiten dar.

- **Erläuterung des Lernziels:**

  Nach der Unterweisung sollen die Auszubildenden sicher und fachgerecht eine Schutzkontaktkupplung anschliessen können.

4.2 2.Stufe   Zeit: 6 Minuten

Vormachen und erklären

Die Auszubildenden beobachten genau die Vorgehensweise des Ausbilders,
dieser erklärt jeden seiner Arbeitsschritte und beantwortet eventuell auftretende
Fragen.

Lernschritt	Ausführung	Begründung	Methodische Hinweise
1. Auseinanderbauen der Kupplung	Die Schraube an der Oberseite der Kupplung mit einem Schraubendreher entfernen, danach den Einsatz an den Schutzkontakten aus dem Gehäuse ziehen.	Die Schraubkontakte müssen freigelegt werden.	- Vorführen - Erklären
2. Gehäuse der Kupplung über das Kabel schieben.	Das Gehäuse wird in richtiger Ausrichtung auf das Kabel geschoben.	Ein Zusammenbauen ist sonst nicht immer möglich.	- Vorführen - Erklären - Problem - fragen
3. Adern an den Einsatz anschliessen	Der grüngelbe Leiter(PE) wird an die Schutzleiterklemme, der blaue und braune Leiter werden je an eine der äußeren Klemmen angeschlossen.	Es werden bei diesem Arbeitsschritt die elektrischen Verbindungen hergestellt.	-Vorführen - Erklären - auf richtige Klemm - belegung hinweisen
4. Kupplung und Gehäuse zusammenbauen	Das Gehäuse muss auf den Einsatz geschoben werden. Es darf kein Leiter eingeklemmt werden. Es muss auf die richtige Stellung des Einsatzes zum Gehäuse geachtet werden.	Die Klemmstellen werden abgedeckt, um ein unbeabsichtigtes Berühren zu verhindern	- Vorführen - Erklären - Hinweise geben

4.3 3.Stufe   Zeit : 8 Minuten

Nachmachen und erklären des Auszubildenden

Aktionen			Methodische Hinweise
Auszubildender		**Ausbilder**	
- Demontiert selbstständig die Kupplung, um Arbeitsablauf nochmals zu erfahren		- beobachtet die Auszubildenden	
- Montiert selbständig die Kupplung		- lässt Auszubildende so weit wie möglich selbst arbeiten	- beobachten - registrieren
- Erklärt beim montieren der Kupplung die einzelnen Arbeitsschritte		- greift nur bei Gefahr oder bei schweren Fehlern ein	
- Selbstkontrolle der Auszubildenden			

4.4 4.Stufe   Zeit : 3 Minuten

Auszubildenden selbständig arbeiten und üben lassen

Der Auszubildende arbeitet zur Übung und Vertiefung selbständig weiter. Der
Ausbilder kontrolliert, bewertet, lobt den Fortschritt und greift nur noch bei groben
Fehlern ein. Somit festigt sich die Sicherheit im Umgang mit diesem Betriebsmittel.
Dieses weckt ein Erfolgserlebnis.

5. Abschlussworte

Der Ausbilder bedankt sich bei den Auszubildenden für ihre Aufmerksamkeit,
motiviert sie und erklärt, dass sich durch weitere Praxisübungen ein sicherer
Umgang mit dem Betriebsmittel einstellen wird.

Erklärung:
Hiermit versichere ich, dass ich die Ausbildungseinheit im wesentlichen selbständig
ausgewählt und gestaltet habe.

Meppen, den 30.06.2003   . . . .

BEI GRIN MACHT SICH IHR
WISSEN BEZAHLT

- Wir veröffentlichen Ihre Hausarbeit,
  Bachelor- und Masterarbeit

- Ihr eigenes eBook und Buch -
  weltweit in allen wichtigen Shops

- Verdienen Sie an jedem Verkauf

Jetzt bei www.GRIN.com hochladen
und kostenlos publizieren